甬城映像

宁波市档案馆馆藏影像档案选编

YONGCHENG

YINXIANG

宁波市档案馆　编

浙江摄影出版社
全国百佳图书出版单位

编委会

序 言

8000多年前，在东海边的井头山，人们以海洋捕捞为业，海贝多彩，木桨精致。7000多年前，河姆渡人又创造了辉煌璀璨的稻作文明。先民们拓殖开发，经历了漫长曲折、渐进和突进交织的历史进程。至唐开元二十六年（738年），宁波独立建州，跨入实质性的开发阶段。

唐长庆元年（821年），明州州治迁至三江口，奠定了宁波古城的格局，意味着明州港口型城市的确立。2021年是宁波建城1200年。数千年间，宁波因海路而开放，因贸易而闻名，因人文而辉煌，三江起潮涌，千年正风华。进入新时代，宁波更是勇立潮头，奋楫扬帆，作为国家历史文化名城，宁波深厚的历史底蕴和文化积淀不仅仅是纸上的记载，它已在漫长的岁月变迁中融入了大街小巷的川流不息、百姓生活的点点滴滴，并一次又一次出现在广大市民的镜头里，带着美好的期待和幸福的记忆。

立足当下，回顾历史，展望未来，宁波市档案馆、宁波市摄影家协会共同主办发起"城摄·宁波1200"摄影作品征集活动。自2021年3月对外发布，共收到作品5000余件，这些作品记录着城市的发展，留存着古老的乡愁，展现着生活的美好，传承着优秀的品质。本书展示从中精选出的300余件作品，以此反映宁波现代化滨海大都市的自然生态之美、历史人文之美、科学发展之美、和谐社会之美。档案，留住了历史，留住了记忆。让我们保存记忆，传承文明。

目录

CONTENTS

城市面貌

1	3
2	4

1 三江口　张晋良／摄

2 三江口　陈顺意／摄

3 三江口　沈国峰／摄

4 三江口夜亦美　戴振浩／摄

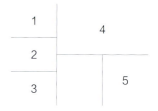

1		4
2		
3		5

1　俯瞰三江口　朱彤／摄

2　夕阳下三江口　孙展／摄

3　日出三江口　洪成／摄

4　甬城三江口　沈国峰／摄

5　甬城之芯　林伟萍／摄

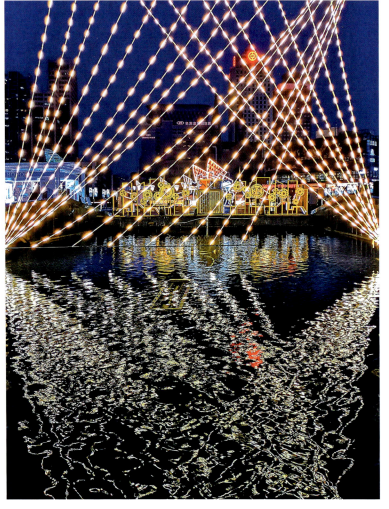

1	3
2	4

1 风起云涌　陈顺意／摄
2 水韵天一　沈颖俊／摄
3 天一广场　陈顺意／摄
4 天一广场　郑曙耀／摄

1	3
2	4

1　天一夜景　邬雅娟／摄

2　天一璀璨　易国庆／摄

3　宁波东门口　乐岚／摄

4　都挺好！　柴胜利／摄

| 1 | 2 |
| | 3 |

1　中山路夜景　戴振浩／摄

2　中山西路一景　柴胜利／摄

3　百年老店升阳泰　竺仕宝／摄

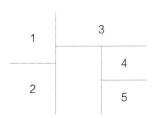

1　建设中的原茶叶城地块　戚正一／摄

2　城市绿"肺"　柴胜利／摄

3　城市长卷　易国庆／摄

4　城市樱花季　易国庆／摄

5　璀璨甬城　戴鹏飞／摄

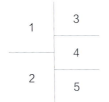

1 时尚音乐港　沈国峰／摄

2 宁波大剧院　陈顺意／摄

3 溢彩流虹　沈国峰／摄

4 霞映大卫　沈国峰／摄

5 看东方　刘承锋／摄

宁波文创港 沈国峰／摄

1
―――
2

1 消防公园　郑曙耀／摄
2 生态姚江　沈国峰／摄

1	
	3
2	

1 新江北 沈国峰／摄

2 北岸财富中心 沈国峰／摄

3 姚江北岸滨江绿道 沈国峰／摄

前洋 e 小镇　沈国峰／摄

奥林匹克体育中心　沈国峰／摄

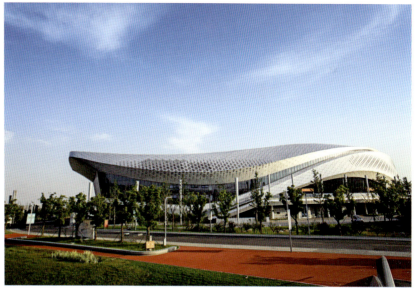

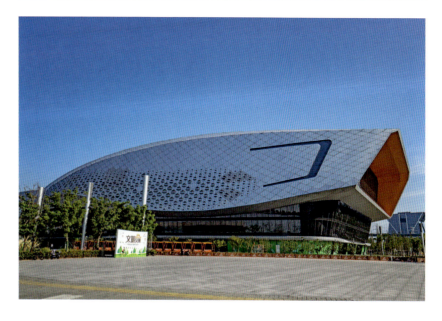

第 24—25 页：
宁波奥体中心　贾伟江／摄

1	3
	2

1 心心相印　林海军／摄
2 新区画卷　易国庆／摄
3 新城　陈顺意／摄

1   新城晨雾升   易国庆／摄

2   花样东部   刘建华／摄

3   鄞州区政府一角   林海军／摄

1		4
2		
3		5

1 灯火阑珊处　陈顺意／摄
2 多彩高新区　易国庆／摄
3 和丰创意广场　乐岚／摄
4 宁波博物馆　刘建华／摄
5 宁波博物馆一角　林海军／摄

1	1 宁波城市展览馆　刘建华 / 摄
3	2 文化广场音乐喷泉　陈顺意 / 摄
2	3 金融中心　沈颖俊 / 摄

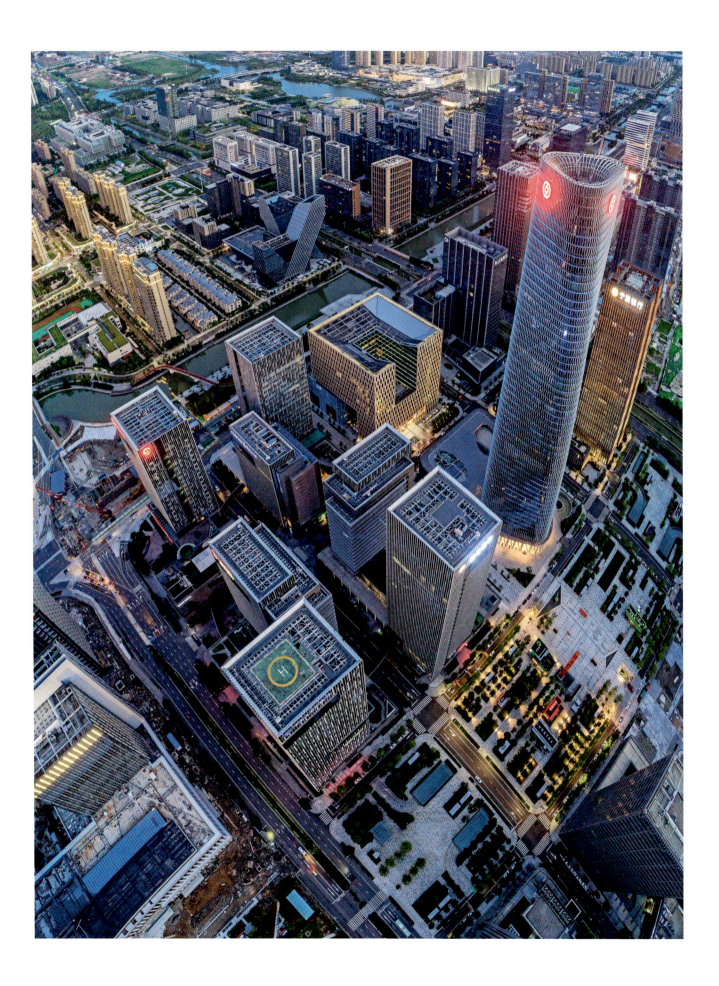

第 34—35 页：宁波机场新航站楼　贾伟江／摄

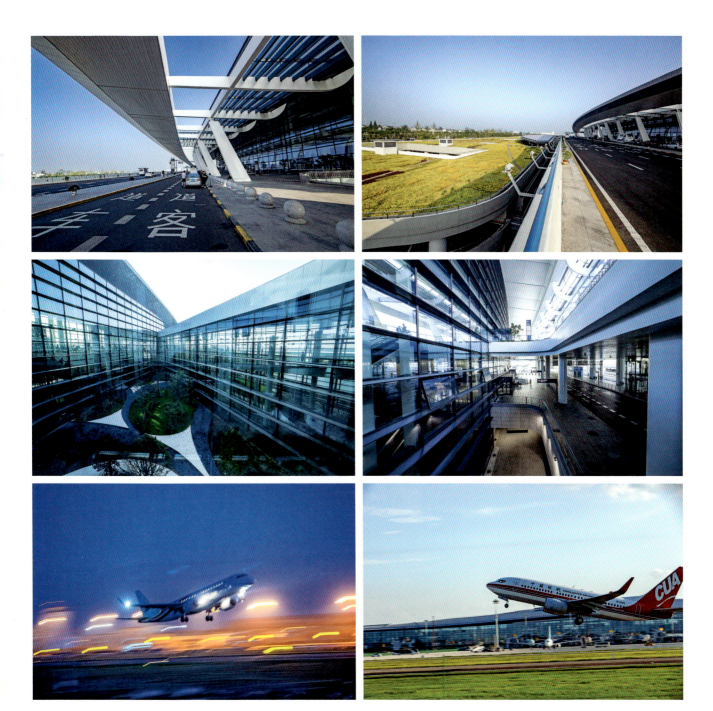

	2	1 中国港口博物馆　陈顺意／摄
1		2 杭州湾新区　乐岚／摄
	3	3 中意宁波生态园　周丽芬／摄

1

—————

2

1　盐地崛起　周丽芬／摄
2　新区夜色　周丽芬／摄

东方大港

	1	2
	3	

1 云起大港　李贵宏／摄
2 港通天下　戴鹏飞／摄
3 大港新姿　李贵宏／摄

1	3
2	4

1　大地纽扣　华菊娣／摄
2　东方大港　易国庆／摄
3　大港夜色　李贵宏／摄
4　金色码头　童和风／摄

	1	
2		3

1　镇海装卸码头　王其通／摄
2　曙光　李贵宏／摄
3　镇海港埠　范嘉和／摄

1
———————
2 | 3

1 镇海港　郑曙耀／摄
2 大港雄姿　陈顺意／摄
3 渔港风云　陈顺意／摄

甬江的早晨　李贵宏／摄

1

—————

2

1 大港一角 陈顺意 / 摄

2 大港不眠夜 陈顺意 / 摄

名胜古迹

	1	
2		3

1 天一阁·月湖景区　郑曙耀／摄

2 天一阁　陈顺意／摄

3 天一阁　王金梅／摄

1
─────
2

1　天一阁　郑曙耀／摄

2　天一阁一角　赖慧君／摄

1
———
2

1　月湖一景　柴胜利／摄

2　假日月湖　陈顺意／摄

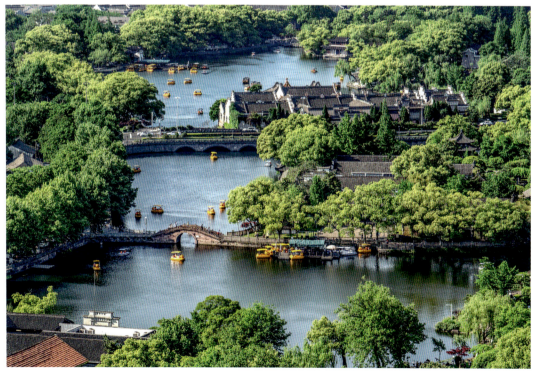

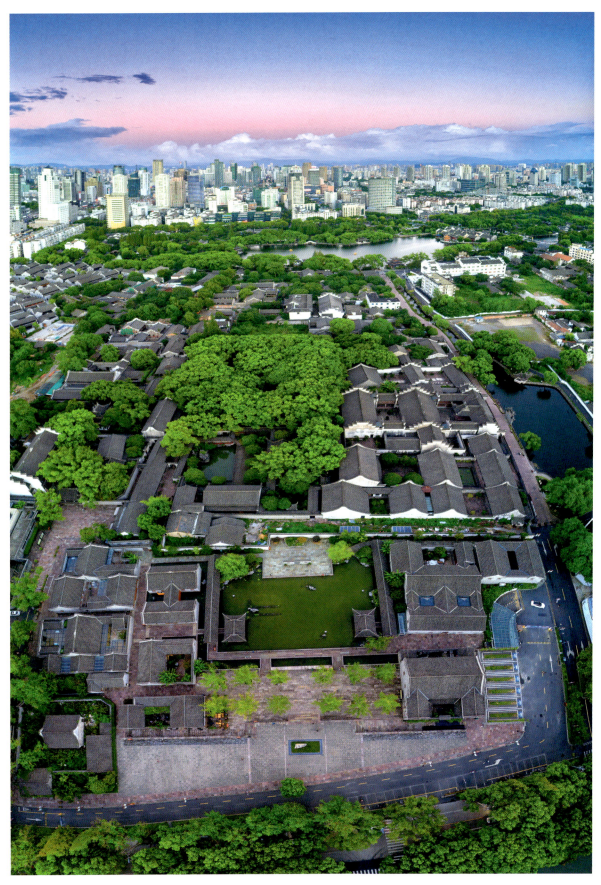

南国书城　沈颖俊／摄

1
―――――
2

1　月湖晨光　张晋良／摄
2　月湖风光　赖慧君／摄

1 | 2

1 月湖 沈明浩／摄
2 城市绿洲 郑曙耀／摄

	1	
2		3

1　月湖春色　王其通／摄

2　月湖　沈明浩／摄

3　月湖夕照　林伟萍／摄

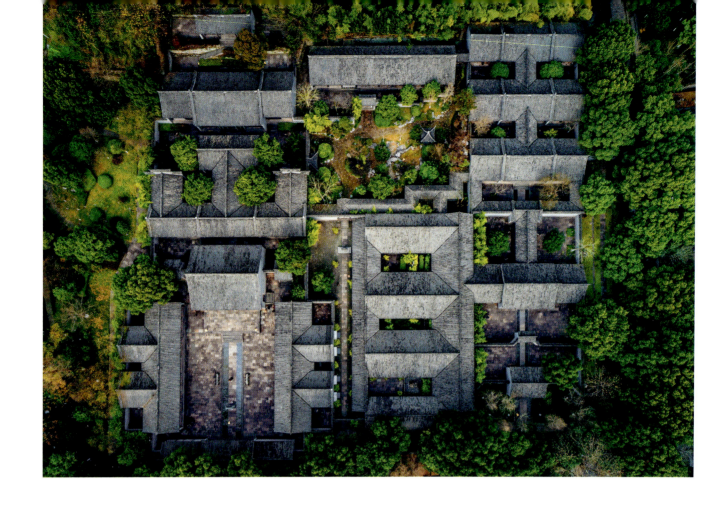

1
2	3

1 天封塔　戴鹏飞／摄
2 天封塔　王金梅／摄
3 天封塔　陈顺意／摄

1	
—	3
2	

1　城隍庙　何敏芬／摄
2　鼓楼雄姿　李萍／摄
3　鼓楼晨曦　张晋良／摄

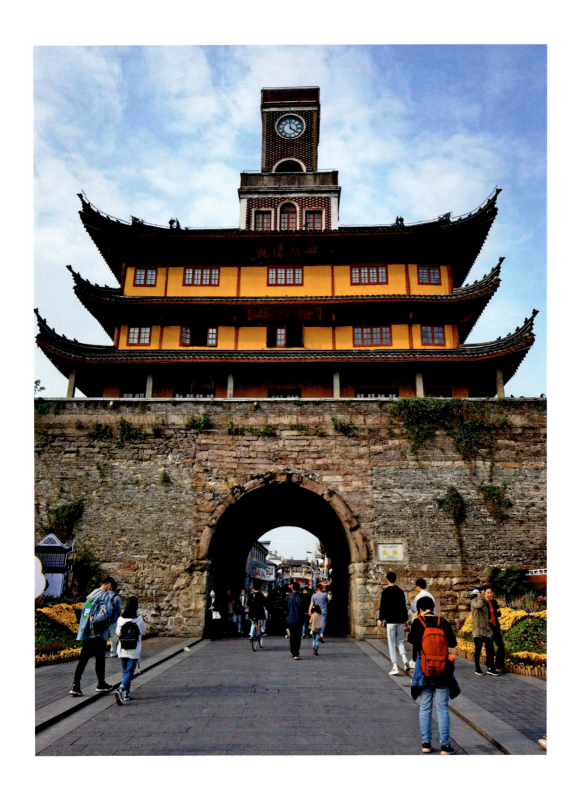

1　鼓楼　程顺利／摄

2　鼓楼沿　戴鹏飞／摄

3　春满鼓楼沿　戴鹏飞／摄

1	3
2	4

1　霓裳　戴鹏飞／摄
2　鼓楼盛景　沈颖俊／摄
3　鼓楼新韵　贾伟江／摄
4　鼓楼喜事　沈颖俊／摄

鼓楼新韵　贾伟江／摄

1 南塘老街　刘承锋／摄
2 南塘老街　陈顺意／摄

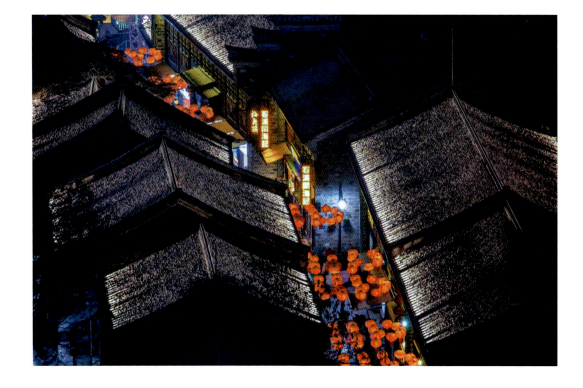

1

———

2

1　南塘老街　易国庆／摄

2　南塘夜色　柴胜利／摄

庆安会馆　孙展／摄

屠呦呦旧居　徐慧丽／摄

庆安会馆　徐慧丽／摄

钱业会馆　徐慧丽／摄

1
——
2

1 古刹秋韵 刘建华/摄
2 千年古刹 刘建华/摄

1	2
	3

1 天童古松道　刘建华／摄

2 雪漫古刹　刘建华／摄

3 天童寺　乐岚／摄

1	3
2	4

1 天童禅寺　刘建华／摄

2 天童寺秋色　邬雅娟／摄

3 香山寺夕照　何敏芬／摄

4 天宁寺西塔　戴鹏飞／摄

1	
	3
2	

1 慈城清道观 于佳妮／摄

2 慈城清道观 于佳妮／摄

3 风调雨顺悬慈庙 贝亚利／摄

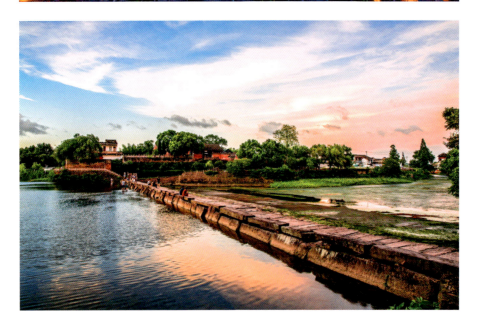

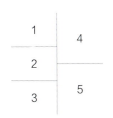

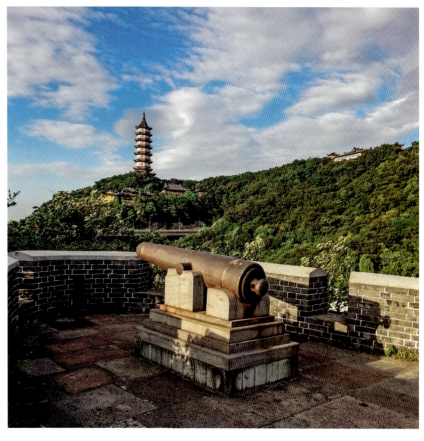

1　秦氏支祠　刘承锋／摄

2　慈城夜色　沈国峰／摄

3　彩霞飞舞　朱明江／摄

4　安远炮台　范嘉和／摄

5　巾子山炮台　王其通／摄

「绿水青山」

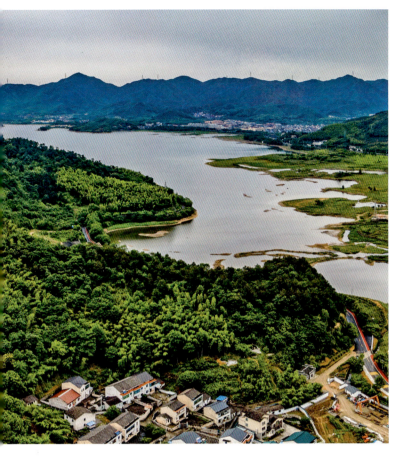

	1	
2		3

1　四明湖　郑曙耀／摄
2　四明秋韵　陈顺意／摄
3　四明山晨曦　陈顺意／摄

1	
2	4
3	

1 四明首镇　金伟荣 / 摄

2 锦绣画卷　戴天刚 / 摄

3 魅力瞻岐　刘建华 / 摄

4 骢马河　陈顺意 / 摄

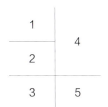

1　水帘洞　邬雅娟／摄

2　水杉之影　邬雅娟／摄

3　溪　戴振浩／摄

4　浣　戴振浩／摄

5　狮子山俯瞰　戴振浩／摄

<table>
<tr><td rowspan="3">1</td><td>2</td></tr>
<tr><td>3</td></tr>
</table>

1　山村晨曦　贾伟江／摄

2　邵家渡　戴振浩／摄

3　殷湾渔灯　陈顺意／摄

1	3
2	4

1　秋色如画　戴天刚／摄

2　中国进士第一村——走马塘　陈顺意／摄

3　白鹿村　孙展／摄

4　花山俯瞰　方明／摄

```
      1
    ────┼──
          │  4
      2   │
    ──────┼────
      3   │
```

1　古镇晚霞　方明／摄

2　鄞江卖柴岙瞰视　方明／摄

3　鄞江瞰视　方明／摄

4　乡愁小镇　金伟荣／摄

1	3
2	4

1　鄞江一景　方明／摄

2　老街一角　周丽芬／摄

3　柿红时节　刘承锋／摄

4　渡口的晨　戴振浩／摄

| 1 | 3 |
| 2 | 4 |

1　方家河头古村掠影　刘传忠／摄
2　桑洲岭　孙展／摄
3　茅镬村　孙展／摄
4　水杉叶红时　刘承锋／摄

1	3
2	4

1　山村之晨　邬雅娟／摄

2　桑州云海菜花香　王其通／摄

3　滩涂　邬雅娟／摄

4　深山藏寺　邬雅娟／摄

1　甬山日落　徐国其／摄
2　塘田朝霞　邬雅娟／摄
3　西坑村　孙展／摄

1	
2	4
3	5

1 悬岩村　孙展／摄
2 碧湖山水间　易国庆／摄
3 碧水家园萦绕　易国庆／摄
4 绿色之路　易国庆／摄
5 绿色龙观　易国庆／摄

1	3
2	4

1　精神家园　张亚萍／摄

2　大自然的调色盘　于佳妮／摄

3　山村　戴振浩／摄

4　夕阳藏史阁　朱明江／摄

1	3
2	4

1　十月十的街　朱明江／摄

2　它山风云　朱明江／摄

3　钱湖夕照　洪雪娣／摄

4　钱湖之晨　洪雪娣／摄

<table>
<tr><td>1</td><td>1 钱湖风光　洪成／摄</td></tr>
<tr><td>2</td><td>2 东钱湖　郑曙耀／摄</td></tr>
</table>

1

2

1　钱湖风光　洪成／摄

2　东钱湖　郑曙耀／摄

轨道交通

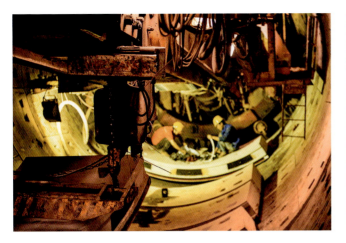

1	3	4
2		5

1　曾经的绿皮火车　高俊达／摄

2　城市轨道交通建设　王其通／摄

3　宁波轨道交通一号线工地　沈颖俊／摄

4　巡视　沈颖俊／摄

5　建设中的地铁 8 号线　钱晓法／摄

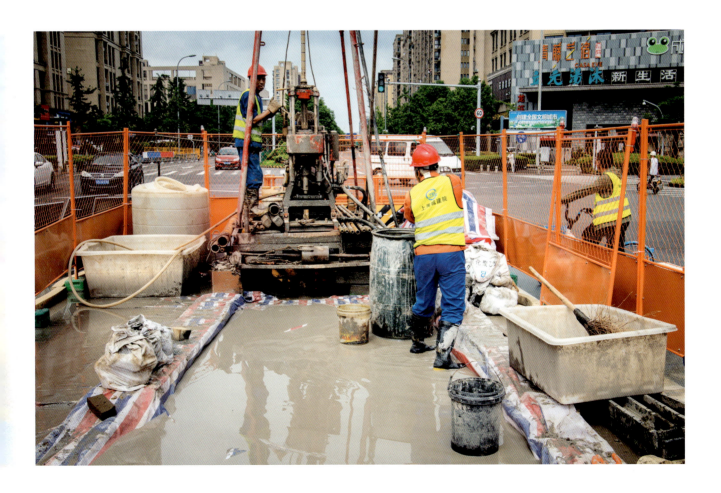

1　铺轨　史平杨／摄
2　测绘　贾伟江／摄
3　检测　贾伟江／摄

1
———
2

1　车辆场站　贾伟江／摄
2　地下盾构施工　贾伟江／摄

1	3
2	4

1　地铁建设工程　贾伟江／摄

2　地铁建设工程　贾伟江／摄

3　甬城地铁　贾伟江／摄

4　甬城地铁　贾伟江／摄

1	3
2	4

1　奋斗百年路　邱亚芬／摄

2　轨道交通1号线雏形　刘建华／摄

3　城市地铁　汪艇／摄

4　轨道交通4号线开通　沈明浩／摄

1

2

3

1　车辆维护　贾伟江／摄
2　高架行驶　贾伟江／摄
3　行驶进站　贾伟江／摄

桥梁水利

1　鄞江光溪桥　方明／摄
2　鄞江光溪桥　方明／摄
3　鄞江的早晨　朱明江／摄

戊己桥寻踪　徐慧丽／摄

招宝山大桥　范嘉和／摄

建设中的三官堂大桥　费浪萍／摄

建设中的中兴大桥　刘传忠／摄

象山港大桥　洪成／摄

杭州湾跨海大桥　陈顺意／摄

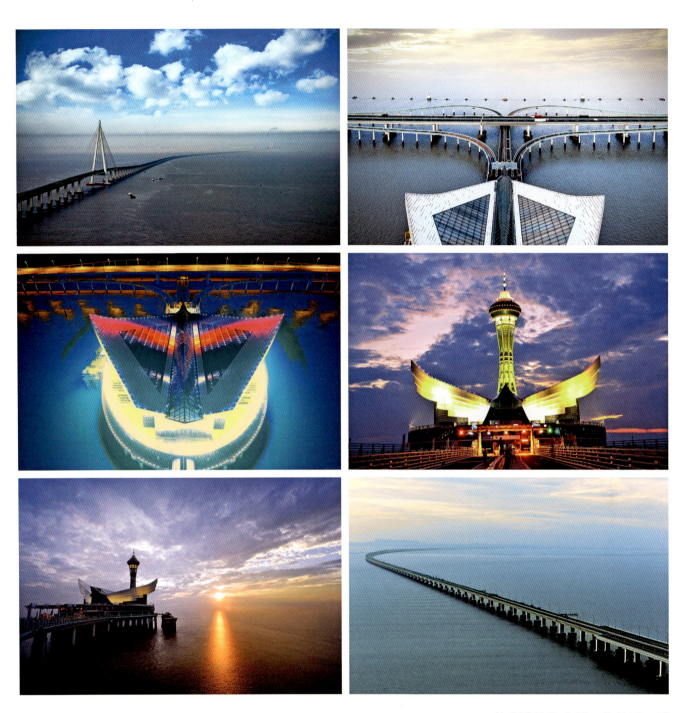

杭州湾跨海大桥　徐慧丽／摄

1	3
2	4

1 青林湾大桥 张晋良／摄
2 青林湾立交 刘承锋／摄
3 青林湾大桥 贾伟江／摄
4 青林湾大桥 于佳妮／摄

<table>
<tr><td>1</td><td>2</td></tr>
</table>

1 外滩大桥　张晋良／摄
2 外滩大桥　刘承锋／摄

1		1 湾头大桥　刘承锋／摄
	3	2 湾头大桥　陈顺意／摄
2		3 湾头大桥　郑曙耀／摄

1	3
2	4

1　姚江船闸　叶耀芬／摄

2　甬江大桥　张晋良／摄

3　芝兰桥　陈顺意／摄

4　华灯初上　华菊娣／摄

第 158—159 页：甬舟第一桥——金塘大桥　贾伟江／摄

九曲碶旧址　夏霞芬／摄

九曲闸新貌　夏霞芬／摄

小西坝遗迹　夏霞芬／摄

小西坝新貌　夏霞芬／摄

大西坝遗迹　夏霞芬／摄

大西坝新貌　夏霞芬／摄

白米湾闸站旧址　夏霞芬／摄

白米湾闸站新貌　夏霞芬／摄

慈江闸站旧址　夏霞芬／摄

慈江闸站新貌　夏霞芬／摄

官山闸旧址　夏霞芬／摄

官山闸新貌　夏霞芬／摄

和平闸站旧址　夏霞芬／摄

和平闸站新貌　夏霞芬／摄

四港闸旧址　夏霞芬／摄

四港闸新貌　夏霞芬／摄

小闸（半浦村）　夏霞芬／摄

邵家渡泵闸　夏霞芬／摄

潺浦闸　夏霞芬／摄

张家浦闸　夏霞芬／摄

姚江船闸　夏霞芬／摄

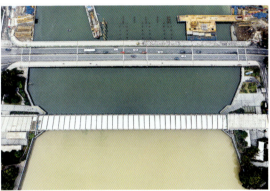

姚江大闸　夏霞芬／摄

梅东大闸　夏霞芬／摄

义成碶遗迹　夏霞芬／摄

1　奉化江畔夕阳红　华菊娣／摄
2　大闸风云　陈顺意／摄

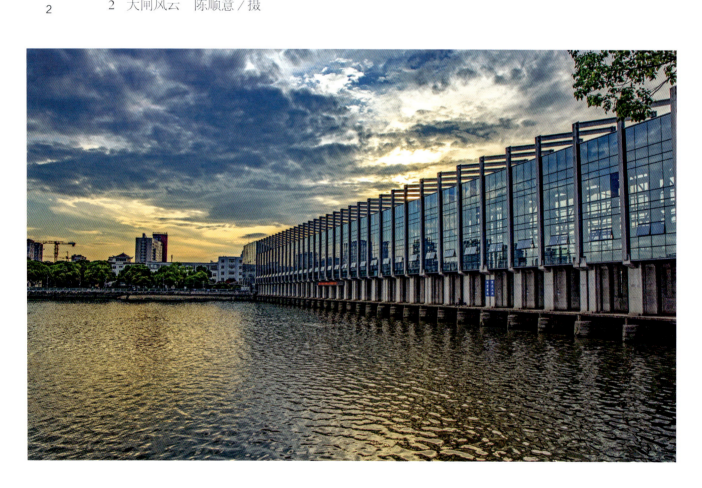

民生安乐

国际旅游文化节　陈伟国／摄

1　宁海徐霞客开游节　刘建华／摄

2　象山开渔节　王赛聪／摄

3　云龙"二月二·龙抬头"盛会　易国庆／摄

1	3
2	4

1　非遗传承人捏泥人　陈建立／摄

2　庆"渔"年　范纪奋／摄

3　女儿梦　柴胜利／摄

4　新春送福　邵鹏／摄

1　古村节日　华菊娣／摄

2　龙舟表演　王赛聪／摄

3　舞龙　王文君／摄

```
   ┌── 2
 1 ┤
   └── 3
```

1	3
2	4

1 十里红装　刘建华／摄
2 慈城过节　沈国峰／摄
3 麦田迎亲　汪文怡／摄
4 宁海非遗——耍牙　王其通／摄

1	2
3	

1　"嗨"起来　沈敏／摄
2　古村年味　陈建立／摄
3　国泰民安　刘建华／摄

1	3
2	4

1　龙腾中华　刘建华／摄
2　龙腾古镇　刘建华／摄
3　红豆团　沈敏／摄
4　聚焦非遗　沈敏／摄

1	3
2	4

1　庙会　华菊娣／摄

2　晒长面　华菊娣／摄

3　文艺下乡　朱明江／摄

4　年味　刘建华／摄

1	3
2	4

1 盐工圆舞曲　胡亚仙／摄

2 风起鱼干香　赖慧君／摄

3 日出而作　沈敏／摄

4 日落而作　沈敏／摄

1　等待起航　张兰芳／摄
2　出海归来　张兰芳／摄

劳动美　李萍／摄

宁波的草席文化 张立能／摄

1
—
2

1　夕阳渔村　华菊娣／摄

2　渔港晨辉　华菊娣／摄

第 198—199 页：钻探人　俞丹桦／摄

1	3
2	4

1 城市守护者　上官可欣／摄
2 芒种　林海军／摄
3 放心市场放心购　沈敏／摄
4 采摘致富果　沈敏／摄

1
————
2

1 我见青山多欢颜　沈敏／摄
2 女子半程马拉松　王文君／摄

1
—
2
—
3

1 智能机器人
  刘建华／摄

2 2018 江北湾头嘉年华
  孙展／摄

3 2018 江北湾头嘉年华
  沈国峰／摄

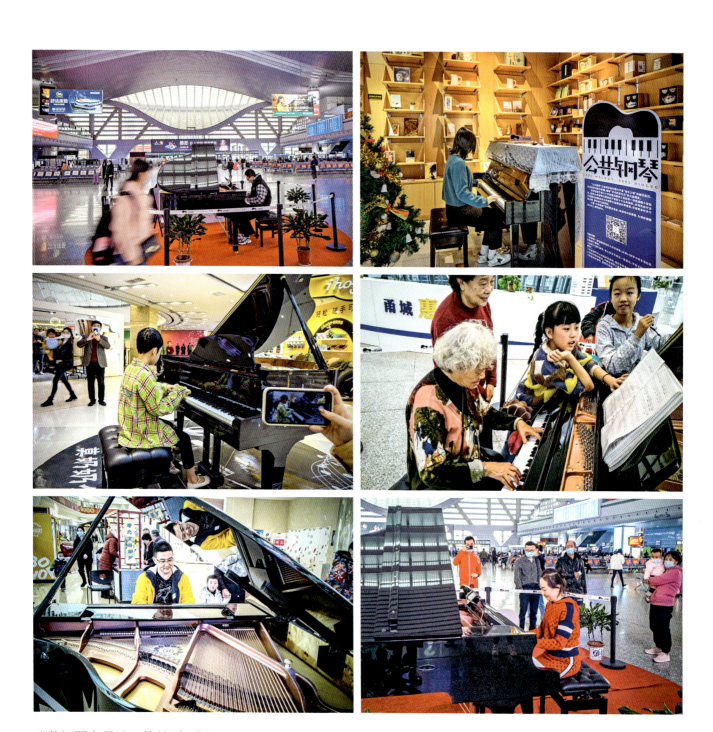

公共钢琴亮甬城　徐慧丽／摄

老园新客　柴胜利／摄

责任编辑：程　禾
装帧设计：秦逸云
责任校对：高余朵
责任印制：汪立峰

图书在版编目（ＣＩＰ）数据

　甬城映像 ： 宁波市档案馆馆藏影像档案选编 ／ 宁波
市档案馆编. -- 杭州 ： 浙江摄影出版社，2022.9
　ISBN 978-7-5514-4161-2

　Ⅰ．①甬… Ⅱ．①宁… Ⅲ．①城市史－宁波－现代－
摄影集 Ⅳ．①K295.53-64

　中国版本图书馆CIP数据核字(2022)第172134号

YONGCHENG YINXIANG

甬　城　映　像
宁波市档案馆馆藏影像档案选编

宁波市档案馆　编

全国百佳图书出版单位
浙江摄影出版社出版发行
　　　　地址：杭州市体育场路347号
　　　　邮编：310006
　　　　电话：0571-85151082
　　　　网址：www.photo.zjcb.com
制版：杭州真凯文化艺术有限公司
印刷：浙江海虹彩色印务有限公司
开本：889mm×1194mm　1/16
印张：13.5
2022年9月第1版　2022年9月第1次印刷
ISBN 978-7-5514-4161-2
定价：269.00元